COLLECTION

DE

Son Exc. Mr. de NELIDOW

ancien Ambassadeur de Russie à Paris

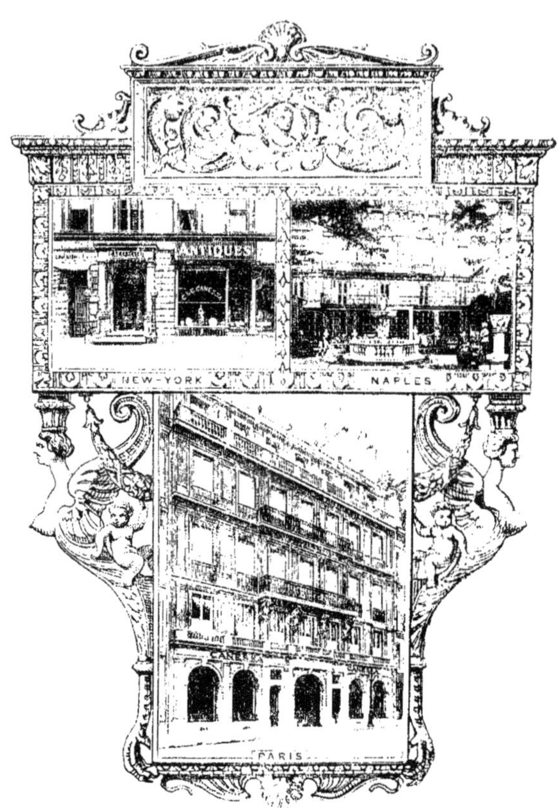

C. & E. CANESSA

ANTIQUAIRES

NAPLES	PARIS	NEW-YORK

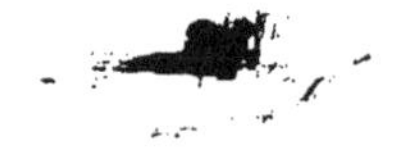

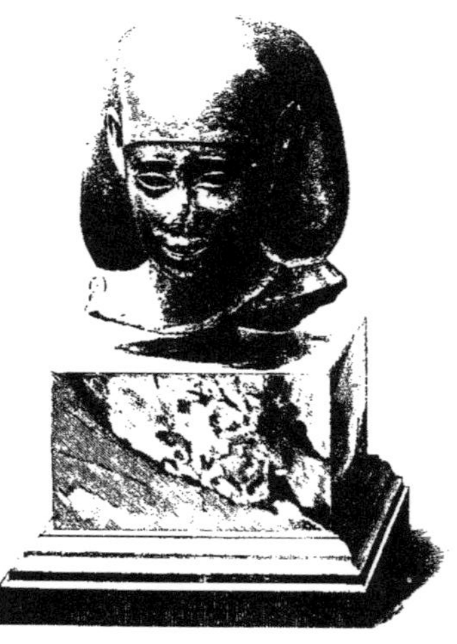

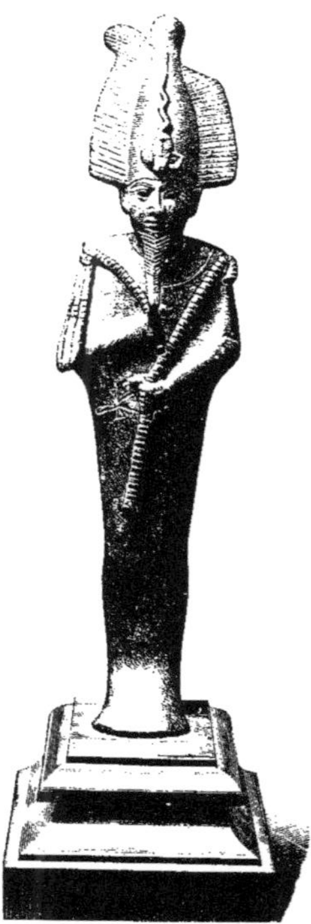

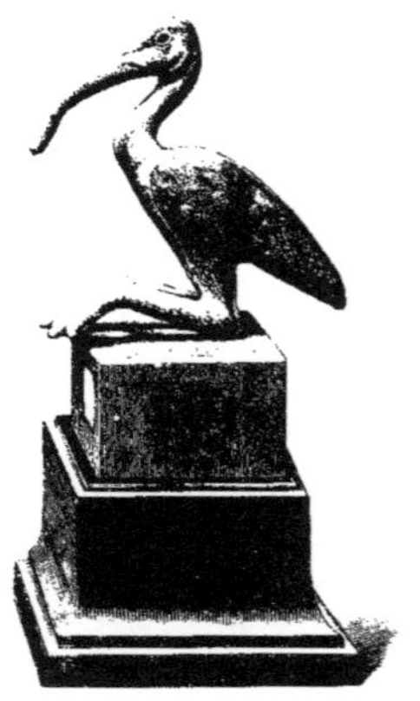

ART ÉGYPTIEN

COLLECTION NELIDOW

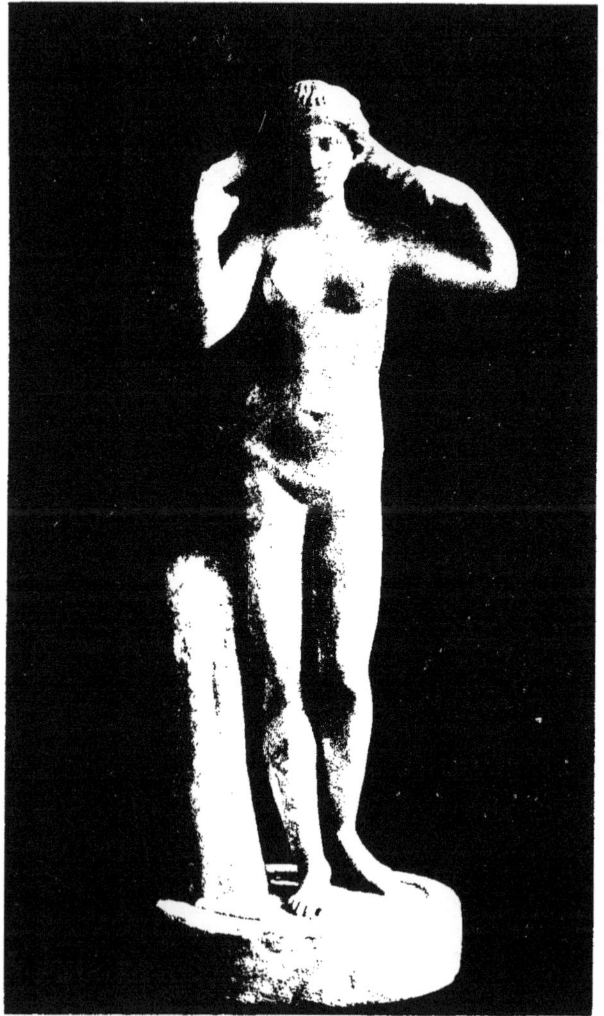

MARBRE

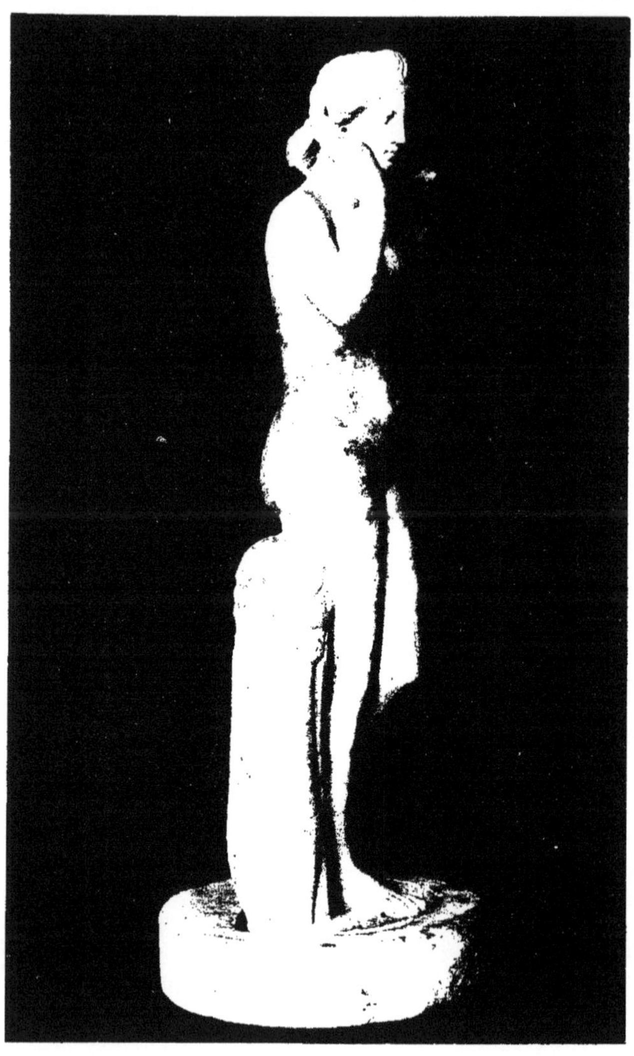

MARBRE

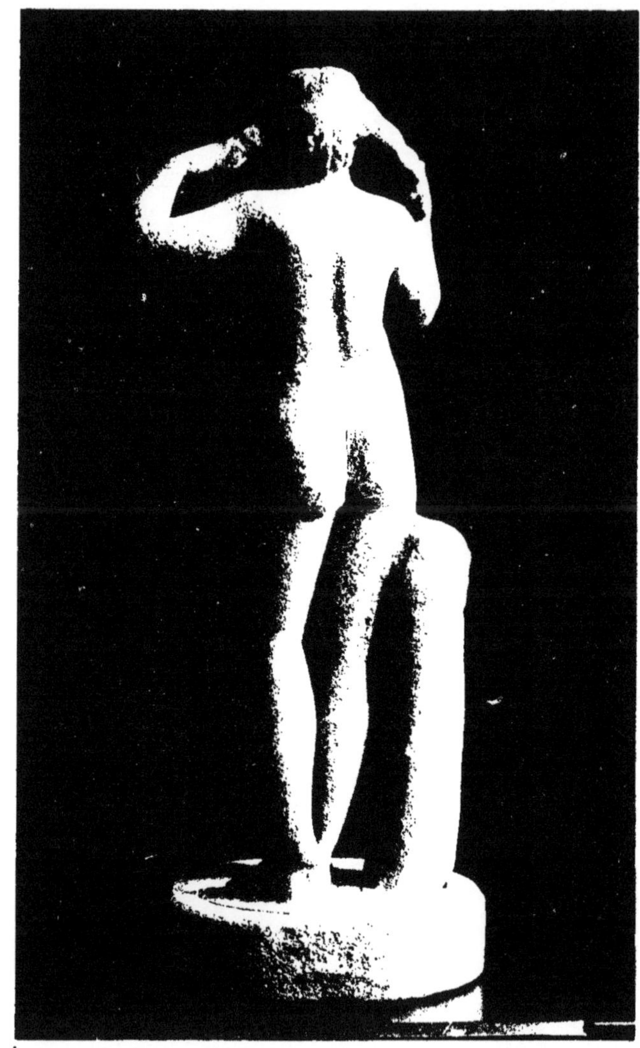

MARBRE

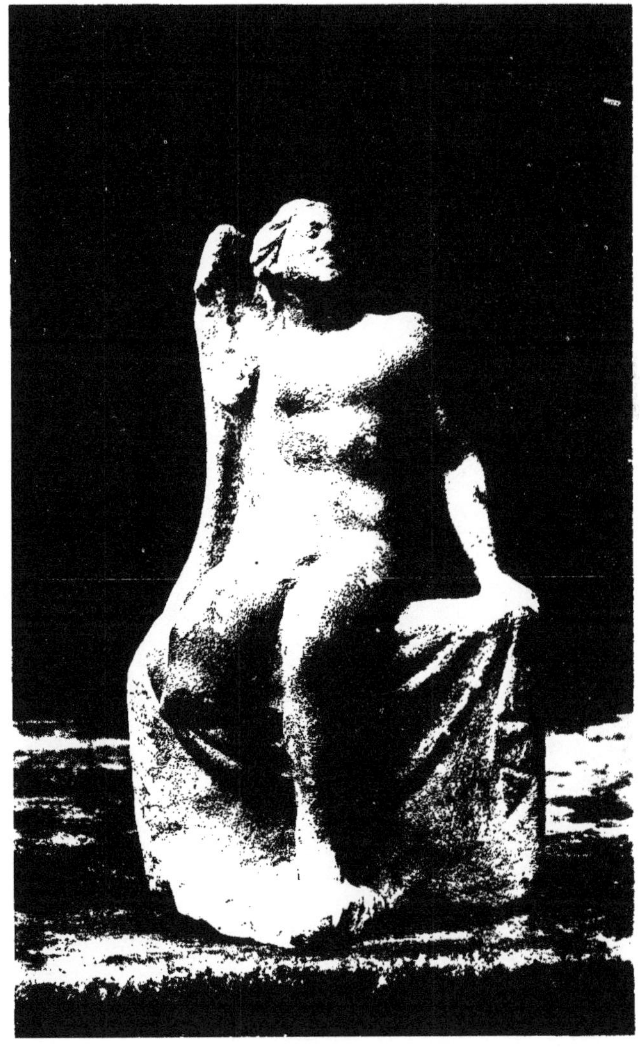

MARBRE

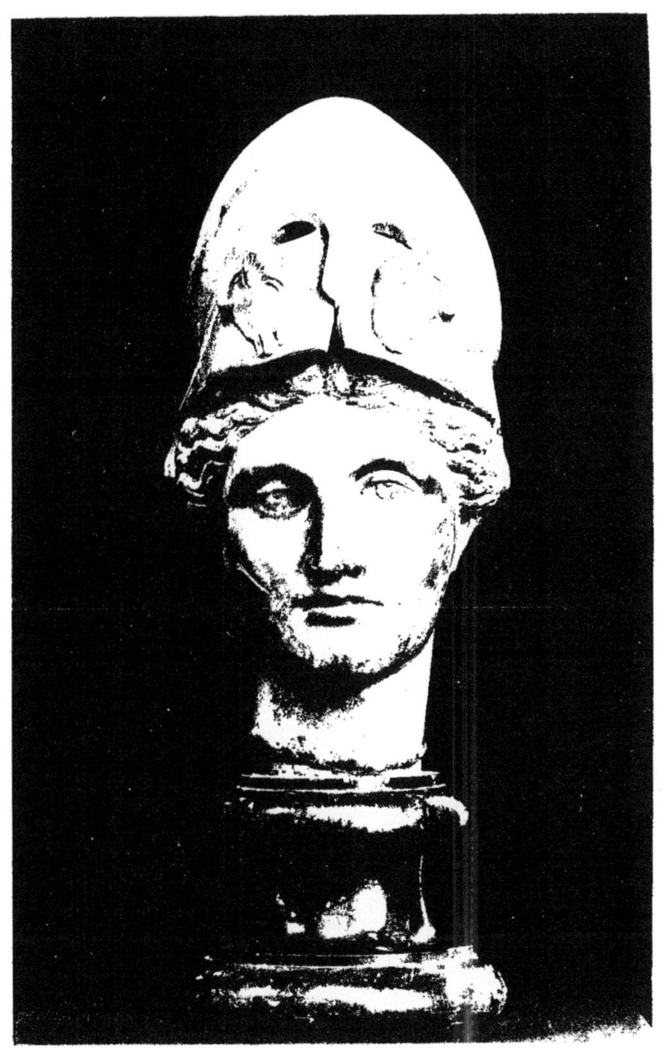

MARBRE

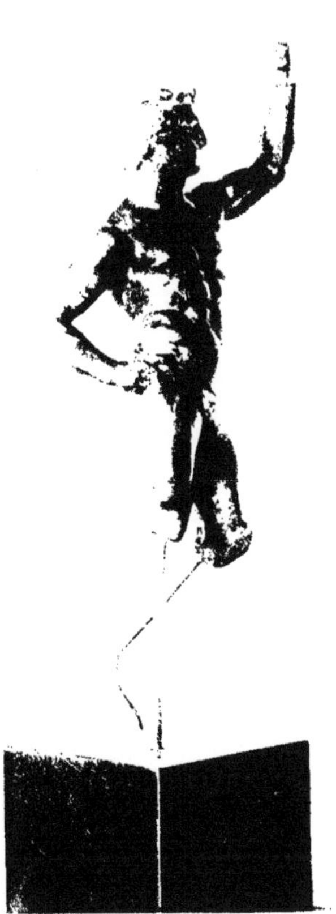

BRONZE

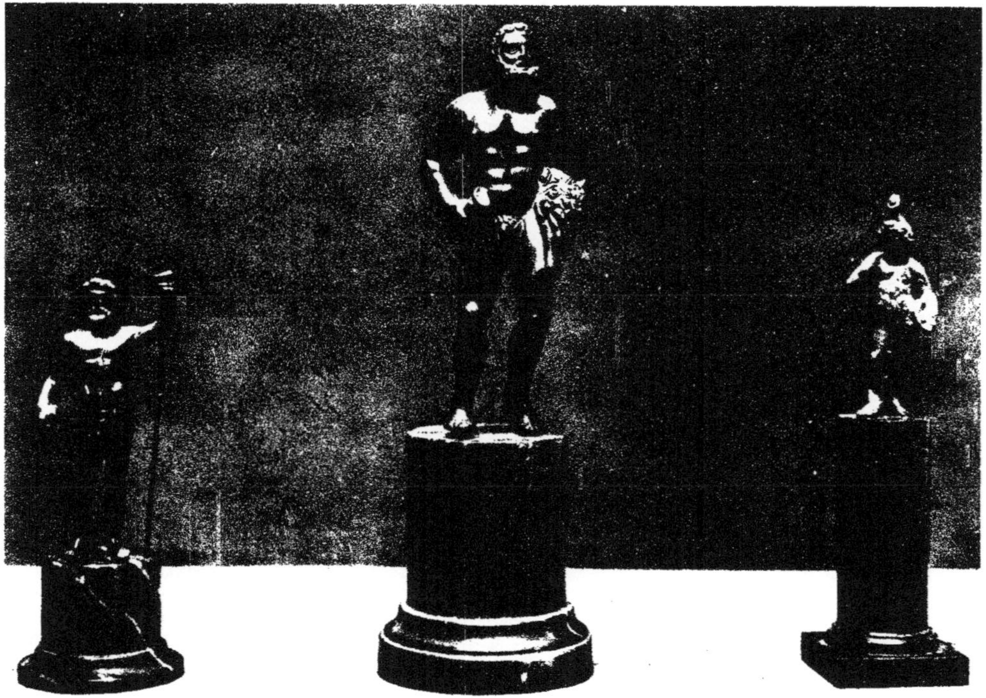

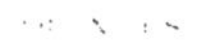

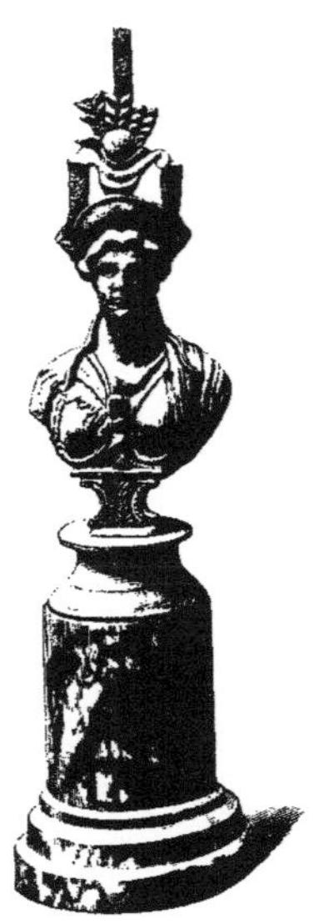
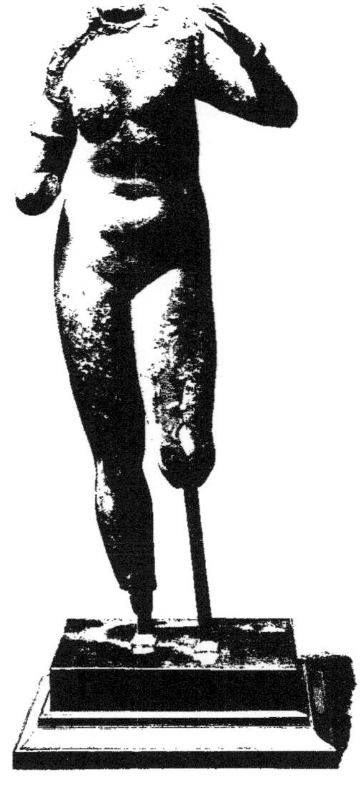
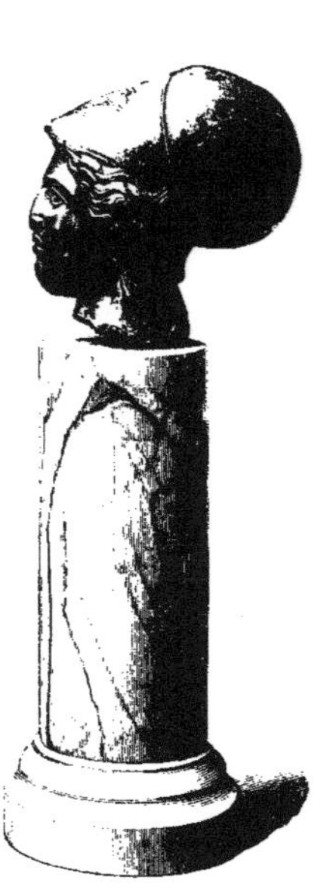

BRONZES

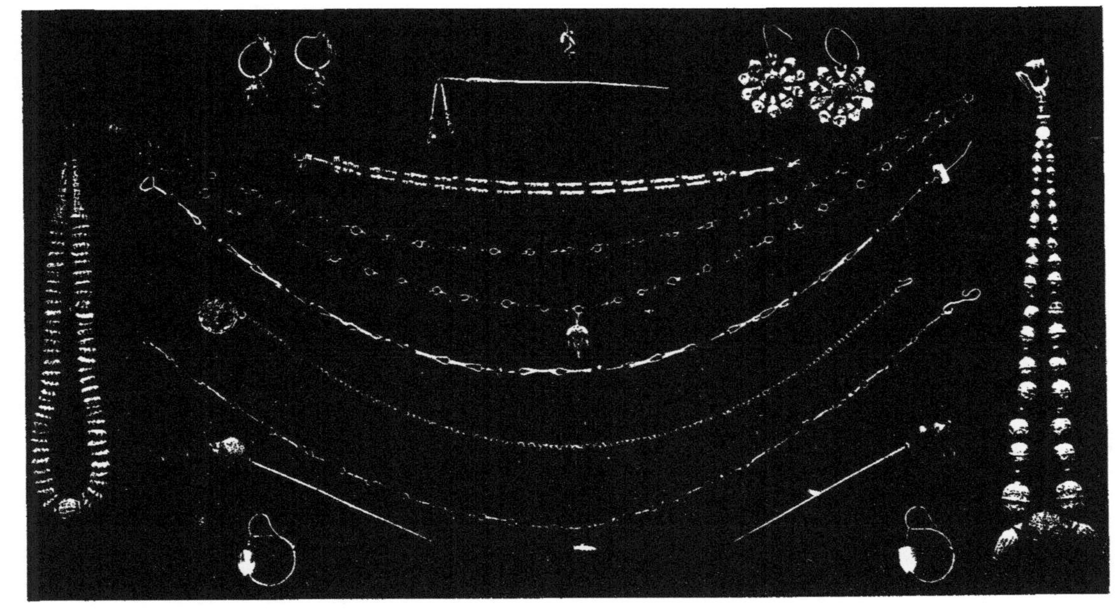

ORFÈVRERIE

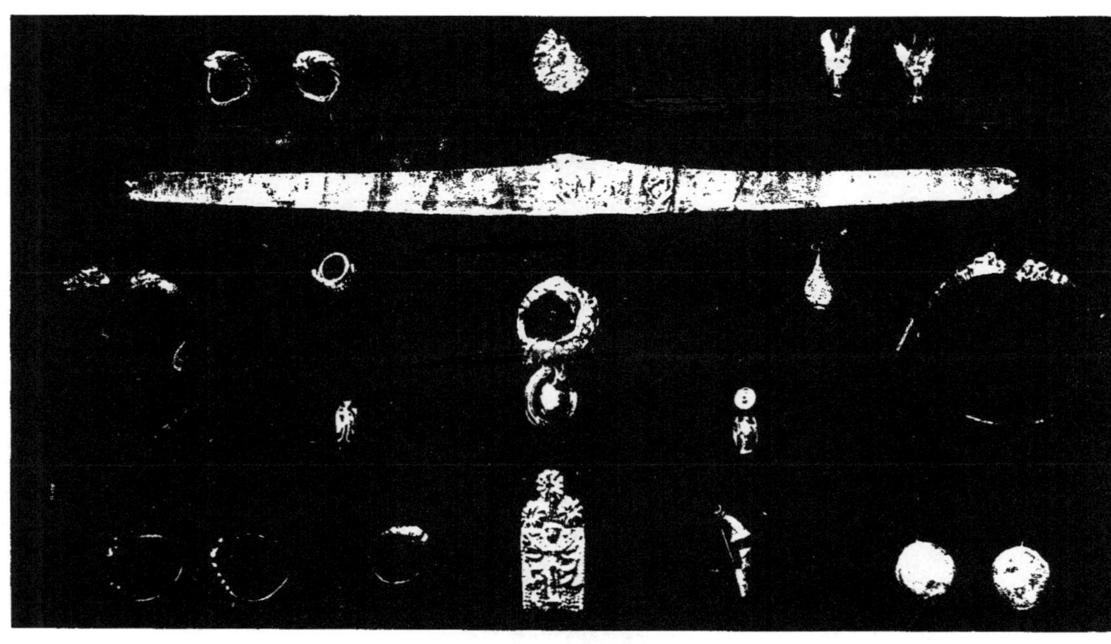

ORFÈVRERIE

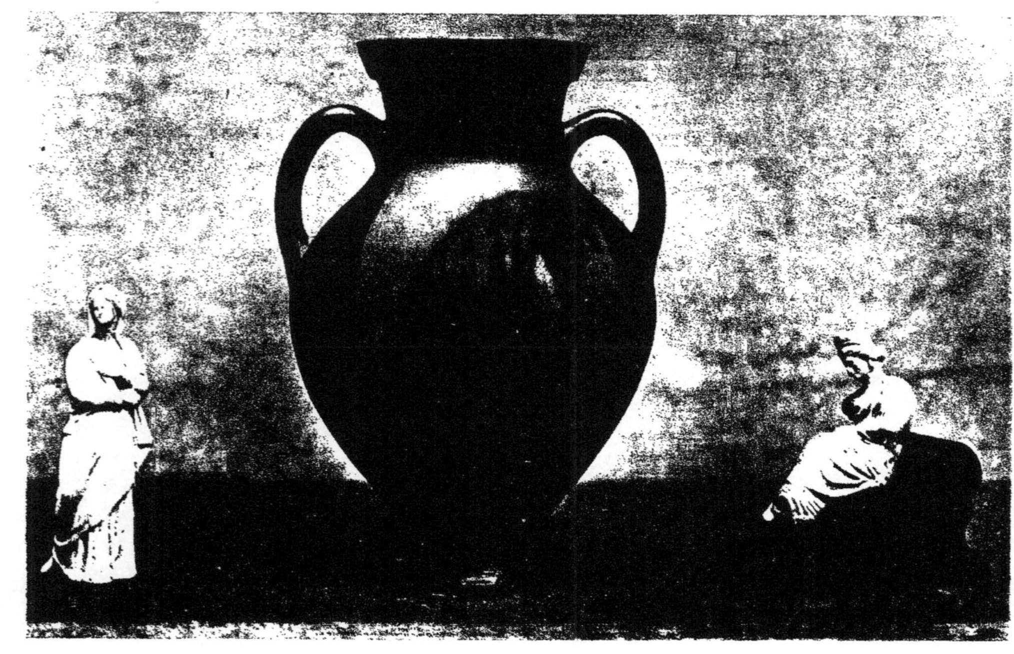

TERRES CUITES

www.ingramcontent.com/pod-product-compliance
Ingram Content Group UK Ltd.
Pitfield, Milton Keynes, MK11 3LW, UK
UKHW020229180726
13838UKWH00005B/2283